IMPRESSIONS DE RAVENNE

PAR

M. JOSEPH ROMAN

Correspondant du Ministère de l'Instruction publique
et de la Société nationale des Antiquaires de France

GRENOBLE
IMPRIMERIE ALLIER FRÈRES
26, Cours Saint-André, 26

1899

Extrait du *Bulletin de l'Académie delphinale,* 4ᵐᵉ série, t. XII.

IMPRESSIONS DE RAVENNE

PAR

M. Joseph ROMAN

Correspondant du Ministère de l'Instruction publique
et de la Société nationale des Antiquaires de France

GRENOBLE
IMPRIMERIE ALLIER FRÈRES
26, Cours Saint-André, 26

1899

IMPRESSIONS DE RAVENNE

Après Rimini, le train longe le littoral; la mer à droite, à l'infini, est d'un bleu sombre frangé d'écume blanche. Les bateaux pêcheurs portent, comme deux ailes, deux voiles triangulaires, l'une blanche, l'autre orangée; elles paraissent toutes roses quand elles sont caressées par un rayon de soleil. On s'arrête à quelques petites villes; une station balnéaire de création récente porte le nom prétentieux de Bellaria, et la civilisation moderne s'y révèle sous l'aspect d'un groupe de chalets construits économiquement sur la nudité de la plage. Après Cervia, dont les maisons sont surmontées de belvédères en forme de temples antiques, on plonge dans le désert.

A gauche une plaine sablonneuse s'étend à perte de vue, le sol y est ingrat, les cultures clairsemées, la végétation maigre et rare ; c'est à peine si quelques pins parasols et quelques grêles peupliers émergent le long des canaux d'eau dormante. Puis une forêt de pins sombres et serrés vient s'interposer entre la mer et la voie ferrée ; on entend encore les vagues battre la plage dans le lointain, mais on ne les voit plus. A gauche, les arbres se font de plus en plus rares, toute trace de culture disparaît ; aussi loin que l'œil peut atteindre, il ne voit pas une habitation, pas un voyageur ne suit la route qui s'allonge au bord du chemin de fer. Ce ne sont que rizières abandonnées et flaques d'eau dormante au-dessus desquelles planent des mouettes ; quelques canaux traînent péniblement à la mer une eau jaunâtre et paresseuse ; pas une colline, pas un accident de terrain ne viennent interrompre l'austère monotonie du paysage. De loin en loin, un troupeau de maigres brebis noires apparaît, broutant l'herbe courte et saline ; la bergère, vêtue d'une jupe rouge, coiffée d'un long châle noir, nous regarde passer impassiblement.

Cela dure des minutes qui paraissent longues comme des heures ; toujours à droite la forêt lointaine, toujours à gauche la plaine triste et nue. Une indéfinissable impression de tristesse et de solitude se dégage de cette immensité morne.

Tout à coup, comme évoquée par un coup de baguette, une église isolée [1], ornée de grandes arcatures, surgit à droite au milieu des sables ; elle paraît immense et une haute tour ronde crevassée se dresse contre ses murailles rougeâtres.

Un instant après, une seconde église [2], accostée elle

---

[1] Sant-Apollinare in Classe.
[2] Santa-Maria in Porto fuori.

aussi d'une tour, apparait encore à droite dans le lointain, seule aussi dans la vaste étendue.

Le train siffle ; il traverse sur un viaduc un fossé large et profond où coule un fleuve dont nulle verdure n'égaie les rives, et nous entrons dans Ravenne.

Qu'allions-nous voir ? Était-ce la Ravenne d'Auguste avec son port où s'abritaient les flottes de l'Adriatique ; celle d'Honorius où s'étaient réfugiés, à l'abri d'une barrière de marais, les derniers empereurs d'Occident fuyant Rome violée par Alaric ; celle de Théodoric le Grand, roi des Goths, qui y bâtit un palais superbe et y choisit la place de son tombeau ; celles, enfin, de Justinien et des exarques avec ses nombreuses églises et ses monastères étincelants de mosaïques. A défaut de celles-ci, la Ravenne du Dante allait-elle nous apparaître avec ses tours féodale et sa sombre forêt de *la Pineta*, dans laquelle le grand poète se promenait solitaire et où il eut la vision des scènes les plus dramatiques de sa *Divine Comédie*.

La Ravenne d'aujourd'hui n'est plus rien de tout cela, mais elle renferme des restes de toutes ces époques anciennes, de toutes ces civilisations superposées. Au premier coup d'œil, c'est une triste petite ville de province, encombrée de mendicité comme la plupart des villes d'Italie et déshonorée par de piètres statues qui ont remplacé celles de Théodoric et de Justinien. Farini, Mazzini, Garibaldi, ces cauchemars que la dynastie de Savoie cherche vainement à secouer, y étalent leurs figures puérilement emphatiques en face de ce qui subsiste encore des monuments impériaux.

Les maisons sont basses, les rues étroites et silencieuses, une population misérable tend la main dans tous les carrefours. La race ravennate est très différente de la race italienne florentine, romaine ou napolitaine. La taille des hommes est moins haute et moins souple, leur figure est ronde, leur joue saillante, leur œil dur et hardi. Sont-ce des Grecs, sont-ce des Goths? Je ne sais. Le bas peuple est vêtu en marinier, souvenir traditionnel du temps où la mer était voisine des murailles et où tout homme de Ravenne était matelot [1]. Occupés la moitié de l'année à bêcher des rizières inondées ou à purger des canaux bourbeux, ils ne tardent pas à se courber, à se déjeter sous l'étreinte de rhumatismes. Les femmes, relativement plus grandes et mieux faites que les hommes, vont pieds nus chercher des fagots de menu bois dans *la Pineta* et les offrent de porte en porte. De bourgeoisie, pas d'apparence, un commerce insignifiant : tout luxe a disparu ; de petite propriété, presque point ; beaucoup de

---

[1] Il faut signaler un détail typique. Les transports se font au moyen de lourds chariots à quatre roues, trainés par plusieurs paires de bœufs. Ils sont peints en vert surchargé d'une profusion de fleurs multicolores, et construits d'après un plan et une ornementation traditionnels. Par derrière, entre deux bras robustes servant de support à un treuil, est peint saint Georges, à cheval, terrassant le démon ; c'est un ressouvenir évident de l'empereur terrassant les nations barbares, *debellator gentium barbararum*, qui paraît sur de nombreux monuments du bas-empire. Le saint Georges qui orne la poitrine de l'aigle à deux têtes russe n'a pas d'autre origine ; c'est également l'empereur vainqueur transformé en saint. Au-dessus de cette figure, sur le bord de la caisse du chariot, est peinte une orante à mi-corps de face et les bras étendus ; c'est, sans aucun doute possible, la vierge, la *panagia* byzantine, dans sa pose hiératique. Enfin entre les quatre roues, sur l'arbre qui supporte les essieux qui sont d'une complication tout à fait curieuse, est plantée une petite croix de fer. Cette machine, intéressante à plus d'un titre, est un exemple frappant de la persistance des anciennes traditions iconographiques pendant plus de dix siècles et presque sans altération.

petits propriétaires ont vendu ce qu'ils possédaient pour fuir l'impôt écrasant et préfèrent le métier de salarié à celui de propriétaire [1].

Cependant le passé de Ravenne est glorieux. Fondée à une époque très lointaine par les Thessaliens, agrandie par Auguste, qui fit creuser son port jusqu'à pouvoir renfermer deux cent cinquante navires, elle devint l'arsenal maritime de l'Adriatique. La ceinture de marais qui l'entourait, sans nuire à la salubrité de son climat [2], la fit considérer comme imprenable, elle atteignit bientôt un haut degré de prospérité et fut plus d'une fois mêlée aux guerres civiles de l'empire romain. Elle servit souvent de refuge aux armées en déroute et de centre de ralliement aux armées en formation, puis, à la fin de l'empire, lorsque Rome, prise deux fois par Alaric, et Milan, perpétuellement menacée par les Goths, ne furent plus des asiles assez assurés pour la faiblesse des derniers empereurs d'Occident, c'est là qu'Honorius transporta le siège de son empire chancelant; c'est dans ces sables et ces eaux stagnantes que sombra la civilisation antique en Italie.

Théodoric le Grand, roi des Ostrogoths, y tint assiégé, pendant trois ans entiers, Odoacre, le destructeur de l'empire d'Occident, l'y tua en trahison, y établit le siège de son royaume, y fit élever un superbe palais, des églises ornées avec toute la richesse que comportait l'architecture de cette époque de décadence et y prépara son tombeau, le plus beau monument contruit en Italie depuis Dioclétien.

---

[1] Les journées d'hommes ne se paient cependant pas au delà de 1 franc ou 1 fr. 25.

[2] Peut-être, dans l'antiquité, donnait-on aux ravennates le surnom de grenouilles, à cause de celles qui coassaient dans les marais voisins : *Meliusque ranæ garrigant ravennates*, écrit Martial à propos d'un médiocre chanteur (L. III, ép. 93).

Puis, quand le royaume des Ostrogoths eut disparu sous l'effort de Bélisaire et de Narsès, c'est à Ravenne que les exarques envoyés par l'empereur d'Orient fixèrent le siège du gouvernement de l'Italie (568-752). Leur autorité étendue d'abord sur la péninsule tout entière, peu à peu restreinte par les invasions, finit par ne plus être reconnue hors des murailles de la ville. Les Lombards en chassèrent, en 752, Eutychès, le dernier exarque byzantin; mais vaincu par Pépin, Astolphe, roi des Lombards, fut contraint de céder au Pape l'exarchat de Ravenne (756)[1].

Alors, commença entre le Pape et l'archevêque de Ravenne une lutte politique et d'influence qui se poursuivit pendant plusieurs siècles. L'Église de Ravenne reconnaissait, pour son fondateur, saint Apollinaire, martyrisé le 23 juillet de l'an 78 de J.-C; elle était donc presque aussi ancienne que celle de Rome. Après Rome, Ravenne avait été pendant plus de trois siècles capitale de l'Italie et ne se résignait pas à perdre cette suprématie. La donation de 756 fut donc loin de satisfaire les ravennates; ils eussent préféré demeurer sous l'autorité des Lombards ou des Francs, dont le roi eût peut-être résidé dans leur ville, comme l'avaient fait Honorius et Théodoric, tandis que soumise au Pape qui ne pouvait songer à quitter Rome, elle allait descendre au rang de simple ville de province.

Déjà du temps des exarques, les archevêques de Ravenne avaient essayé de se rendre indépendants du siège pontifical et c'est à l'empereur de Constantinople qu'ils demandaient l'investiture; mais le Pape ne le toléra pas long-

---

[1] Je renvoie le lecteur au remarquable travail de M. l'abbé Duchesne sur les premiers temps du pouvoir temporel des papes.

temps, il réclama le droit de vérifier leur élection, de les consacrer, de les convoquer aux conciles, de casser leurs sentences si elles lui paraissaient injustes, et, après quelques faibles velléités de résistance, ils durent obéir. La mémoire de l'archevêque Théodore (677-688), qui le premier avait incliné l'Église de Ravenne *sub jugum romanæ servitutis*, resta pendant des siècles en exécration et, en passant devant son tombeau, à Sant-Apollinare in Classe, les prêtres de Ravenne l'ont longtemps maudit.

Mais si la prééminence spirituelle du pontife romain ne pouvait être sérieusement contestée, il n'en était pas de même de sa prépondérance politique ; dans cet ordre d'idées, on pouvait lutter sans être schismatique. L'archevêque Sergius, au moment même de la donation forcée d'Astolphe au Pape, se posa en chef des provinces cédées, nomma les fonctionnaires, leva les impôts et prétendit ne devoir compte de son administration qu'au seul roi des Francs. Etienne II le manda à Rome sous un prétexte quelconque, et l'y retint en chartre privée pendant qu'il organisait la Romagne comme il l'entendait. L'archevêque, rendu à la liberté, en appela à Pépin qui le prit sous sa protection et lui rendit l'autorité que le Pape lui avait enlevée. A Serge succéda l'archevêque Léon qui fut l'ami de Charlemagne, l'aida dans sa lutte suprême contre les Lombards et en fut récompensé par le don de Bologne, de Ferrare et de presque toute l'Émilie, malgré les représentations du Pape. Les archevêques de Ravenne en arrivaient donc, avec l'assentiment de l'empereur, à se constituer une vaste souveraineté temporelle, aussi Ravenne fut, au moyen âge, inébranlablement dévouée à l'empire, elle fut l'une des cités les plus gibelines de l'Italie. Les successeurs de Charlemagne maintinrent à ses archevêques, à l'encontre de Rome, les droits et l'autorité des anciens exarques et il fallut la dissolution de l'empire carolingien pour que, la protection impériale leur faisant enfin défaut, ces prélats puissants se résignassent à reconnaître l'autorité temporelle du Saint Siège. A la fin du onzième siècle, lors de la querelle des investitures, Ravenne et ses archevêques prirent encore hautement le parti de l'empereur d'Allemagne contre le pontife romain, et l'archevêque Guibert fut fait antipape par la volonté d'Henri IV (1080-1099). Ce fut le dernier témoignage de la haine de Rome qui couva longtemps dans la profondeur des âmes ravennates.

Il résulte de ce court exposé historique, que sous l'empire romain, Ravenne devait être une ville considérable par sa situation et les services publics qui y étaient centralisés et, de plus, une ville riche et populeuse, faisant avec l'Orient un commerce important. La *Cité* proprement dite était éloignée de la mer d'environ quatre mille mètres; un long faubourg nommé *Cæsarea* la réunissait au port, autour duquel était construite une troisième ville nommée *Classis*. La Cité et Classis étaient entourées de hautes murailles crénelées, fortifiées par des tours carrées; deux phares, l'un aux abords de la Cité, l'autre construit au milieu du port, en signalaient la nuit les approches aux navires de l'Adriatique[1]. Ravenne avait un cirque, un théâtre, une basilique, des casernes de gla-

---

[1] Le phare de Ravenne avait été déjà signalé par Pline l'Ancien (L. XXXVI, ch. xii) comme une merveillle. La base du clocher de Santa-Maria in Porto fuori, qui passe, à tort ou à raison, pour être le soubassement de ce monument, a trente-six pieds de côté. Le mausolée de Théodoric est aussi dit *ad Pharum,* ce qui précise l'emplacement d'un deuxième phare.

diateurs, des manufactures d'armes et de drap; Trajan y avait fait amener à grands frais de l'eau potable au moyen d'un long aqueduc[1], les derniers empereurs y avaient établi un hôtel des monnaies. Entourée de marais qu'on ne pouvait traverser que sur une étroite chaussée, placée entre deux rivières qui alimentaient ses fossés, elle était considérée comme imprenable, même par la famine, puisque son port lui donnait toujours le moyen de se ravitailler. Aussi voyons-nous qu'elle subit des sièges de plusieurs années sans être prise autrement que par trahison.

Elle eut, au cinquième siècle, des palais et des tombeaux impériaux et des basiliques orthodoxes; Théodoric la remplit d'églises ariennes et y fit construire son palais et son mausolée; au temps des exarques, on y fonda des monastères de moines orientaux sous la règle de saint Basile et des églises dont le nom même (Sainte-Marie des Blaquernes, Sainte-Marie in Cosmedin) indique une étroite affinité avec celles de Constantinople. Au neuvième siècle, cet éclat s'était obscurci; au temps où écrivait Jornandès, la mer s'était déjà retirée au loin, le port abandonné était en partie ensablé et, là où pendant cinq cents ans on avait vu une forêt de mâts de navires, on voyait des vergers et des jardins. Maintenant, les jardins eux-mêmes ont disparu, il n'y a plus qu'une plaine de sable. La ville de Classis, le faubourg de Cæsarée ne survécurent pas au commerce qui enrichissait la cité, et leurs habitants se dispersèrent.

---

[1] Auparavant, Ravenne n'avait que des citernes et l'eau s'y vendait au poids de l'or, si l'on en croit Martial :

Sit cisterna mihi quam vinea malo Ravenna,
Quum possim multo vendere pluris aquam.

(L. III, ép. 56).

Que reste-t-il aujourd'hui de l'antique Ravenne? De tout ce qu'y avait construit le haut empire, il ne subsiste rien que quelques inscriptions et quelques fragments de sculptures ; du port et de la ville qui l'entourait, pas d'autre vestige que deux églises perdues au milieu des sables ; du séjour des empereurs d'Occident, un baptistaire et un mausolée ; du séjour des rois Goths, les ruines méconnaissables du palais de Théodoric[1], son tombeau, deux églises et un baptistaire ; enfin, de la domination deux fois séculaire des exarques, quelques églises, la plupart fort maltraitées par les siècles suivants.

Cela paraît peu de chose et en réalité c'est beaucoup. Cet ensemble de monuments, construits entre le cinquième et le huitième siècle, nous permet d'étudier mieux qu'à Rome, mieux même qu'à Constantinople, cette période de transition qui unit l'art antique à celui du moyen âge et qui porte l'empreinte de l'influence orientale. Contrairement à ce que nous voyons à Rome, les monuments de Ravenne n'ont pas été construits de pièces et de morceaux, au moyen de fragments arrachés à des édifices plus anciens ; les colonnes ne sont pas de marbres et de dimensions différents ; les chapiteaux ne proviennent pas de temples renversés ; on n'a pas utilisé de résidus incohérents dans l'ornementation. Un architecte a conçu le plan et l'a fait exécuter, les marbres pris à la carrière ont été apportés par les navires byzantins, la décoration a ce caractère d'unité qui fait défaut à tous les édifices

---

[1] Ce palais fut dépouillé de ses ornements, marbres précieux, colonnes, sculptures, par Charlemagne, qui les utilisa dans la construction de son palais d'Aix-la-Chapelle. On doit penser quelles sommes énormes dut coûter le transport de ces objets pesants et volumineux d'un bout de l'Europe à l'autre.

chrétiens de cette époque. C'est Byzance qui apparait aux yeux du voyageur. Aussi l'effet produit par Ravenne, malgré son abandon, le silence et la tristesse de ses rues et de ses places désertes, peut-être même à cause de cela, est saisissant. On oublie pour un moment qu'on est citoyen du dix-neuvième siècle, et que quelques tours de roue vont vous faire retomber dans le bruit tumultueux de la civilisation moderne et on se surprend à se croire contemporain d'Honorius, de Théodoric et de Justinien.

Le plan des églises ravennates de l'époque impériale et de l'époque gothe est le même; ce sont des basiliques avec narthex ouvert ou fermé, à trois nefs séparées par deux rangées de colonnes unies par des arcatures; l'abside est demi-circulaire; le clocher est une haute tour ronde accolée à l'un des murs latéraux. Le plan des baptistaires offre la même unité de conception; ce sont des rotondes polygonales voûtées, avec dômes hémisphériques. Mais si le plan est traditionnel, le travail de l'ornementation diffère beaucoup d'un monument à l'autre; entre le plus ancien et le plus récent de ces édifices, séparés par une durée de près de trois siècles, on constate une décadence profonde dans les procédés sculpturaux.

Les chapiteaux des églises les plus anciennes sont corinthiens et parfois d'un style assez pur; les profils et les moulures des bases de colonnes sont presque classiques. A l'époque des rois goths, ce n'est déjà plus cela : le chapiteau est encore corinthien, mais les feuillages ne retombent plus en élégantes volutes; ébauchés au foret, ils rampent le long de la corbeille comme s'ils redoutaient de s'en détacher, et le tailloir, au lieu d'être une mince tablette, affecte une forme épaisse et cubique; c'est comme un deuxième chapiteau superposé au premier et presque toujours orné d'une croix.

Si nous passons à l'époque des exarques, nous constatons qu'on a d'abord suivi les mêmes errements, puis qu'on a abordé, avec l'église de San-Vitale, un plan et une ornementation absolument différents. San-Vitale n'est plus la basilique classique à trois nefs, c'est un octogone. Trois de ses côtés sont occupés par une abside demi-circulaire accostée de deux chapelles rondes; des cinq autres, l'un est percé d'une porte ornée de quatre colonnes et accompagnée de deux clochers ronds; les quatre derniers présentent de petits culs de four pris dans l'épaisseur de la muraille et vraisemblablement destinés à recevoir des autels. Huit énormes piliers quadrangulaires, assez distants de la muraille de clôture pour laisser entre elle et eux place à un *deambulatorium*, supportent un dôme à voûte hémisphérique; ils sont reliés l'un à l'autre à leur sommet par des arcatures, et entre chacun d'eux sont des exèdres comportant un double étage de deux colonnettes superposées et également reliées entre elles par des arcatures à plein cintre.

C'est là un plan purement byzantin; c'est celui qui fut exécuté en grand à Sainte-Sophie, dans nombre d'églises orientales, qui fut plus tard transporté par Charlemagne à Aix-la-Chapelle, et aboutit enfin à Saint-Marc de Venise et à Saint-Front de Périgueux[1].

---

[1] Il faut noter un détail extrêmement curieux. Les voûtes de San-Vitale et de quelques autres églises de la même époque sont construites en poterie; ce sont des tubes de vingt centimètres environ, percés de part en part et ayant, à s'y méprendre, la forme de certaines bouteilles d'encre en terre de grès dont on se sert encore. Le goulot de l'un s'emmanchait dans la partie postérieure

L'ornementation des chapiteaux est également d'un art tout nouveau ; sauf un petit nombre, probablement plus anciens que le monument et paraissant provenir d'autres édifices, ce sont deux cubes de pierre superposés et recouverts d'un fin réseau de ciselures superficielles. Comme effet général, c'est assez pauvre et d'une rare lourdeur, faute d'un relief suffisant, mais chaque objet envisagé séparément est richement décoré ; il n'y a pas une place où le ciseau patient ait laissé un vide, et c'est ce qu'appréciait par-dessus tout le goût à la fois barbare et raffiné de cette époque de décadence. Ce n'est pas, en effet, le mode de construction qui est médiocre, la pierre de taille ayant absolument disparu pour être remplacée par la brique, qui fait le mérite de cette basse époque, c'est la décoration. Les surfaces sont entièrement couvertes d'ornements souvent exécutés avec une habileté consommée, d'un très grand style, et dont on ne trouverait pas au monde d'exemples aussi complets et aussi parfaits qu'à Ravenne.

Examinons, par exemple, l'un des monuments les plus anciens et les mieux conservés de cette ville, le Baptistaire des orthodoxes, aujourd'hui San-Giovanni in fonte. Le plan est un octogone ; l'intérieur comporte trois étages superposés, surmontés d'une coupole hémisphérique. L'étage inférieur présente huit arcatures surbaissées, retombant sur des colonnettes à chapiteaux ornés de feuilles d'acanthe ; ces arcatures encadrent alternativement un simple parement plat ou un cul de four. Les premières sont à une seule révolution et le mur qu'elles

de l'autre et on formait ainsi une série de petites chaînes juxtaposées, construction à la fois légère et solide dont toutes les parties avaient entre elles une parfaite cohésion.

entourent est orné de mosaïques composées de grandes plaques de marbre emboitées l'une dans l'autre, entourées de filets de diverses couleurs et formant des dessins géométriques d'excellent goût : sur une croix enchâssée au milieu de l'une de ces mosaïques, on lit : + DE DONIS DEI ET SCE MARIE FELEX ET STEFANVS OPTVLERVIT TEMPORIBVS DN THEODORO APOSTOLICVM[1], ce qui nous donne la date de 677 à 688. Les culs de four sont au contraire surmontés d'arcatures doubles, sur lesquelles se détachent de longues inscriptions en mosaïque dont voici la transcription :

I. + IHS AMBVLAS SVPER MARE PETRO MERGENTI MANVM CAPIT ET IVBENTE DOMNO VENTVS CESSAVIT et à côté un monogramme figurant le nom de PETRVS et qui est probablement celui de Pierre-Chrysogone, archevêque de 433 à 449.

II. + IN LOCVM PASCVAE IBI ME CONLOCAVIT SVPER AQVA REFECTIONIS EDOCAVIT ME (feuille cordiforme) et un monogramme figurant le nom de MAXIMVS.

III. + VBI DEPOSVIT IHS VESTIMENTA SVA ET MISIT AQVAM IN PELVEM ET LABIT PEDES DISCIPVLORVM SVORVM (feuille cordiforme) et un monogramme formant le mot POSEDONIUS avec le titre de FAMVLVS écrit en toutes lettres au-dessous.

IV. + BEATI QVORVM REMISSAE SVNT INIQVITATES ET QVORVM TECTA SVNT PECCATA (feuille cordiforme) BEATVS VIR CVI NON IMPVTAVIT DOMINVS PECCATVM.

[1] Une fois pour toute, je ferai observer que les inscriptions que je reproduis sont souvent remplies de fautes de latin ; je les donne telles que je les ai relevées, sans les corriger, même par une note. Le lecteur ne sera, sans doute, pas embarrassé pour en comprendre le sens.

Le vide compris entre les arcatures inférieures et l'étage supérieur est recouvert de mosaïques de la plus grande richesse; au-dessus de chaque colonne, un personnage en toge est debout de face dans un médaillon ovale, centre d'enroulements d'un très grand style qui remplissent l'intervalle d'une colonne à l'autre.

L'étage supérieur est formé par huit arcatures exactement superposées aux arcatures inférieures et supportées comme elles par des colonnettes de marbre avec chapiteaux à feuillage. Au centre de chacune s'ouvre une fenêtre à plein cintre accostée de deux colonnettes. Ici la décoration diffère absolument de celle de l'étage inférieur; ce ne sont plus des mosaïques mais des stucs d'une conservation parfaite et sur lesquels on aperçoit encore des traces de peinture. A droite et à gauche de chaque fenêtre est figurée une niche surmontée de frontons alternativement triangulaires et à plein cintre[1]; dans chacun d'eux est un personnage en toge debout de face; dans le fronton est une coquille et au-dessus se déroule une scène biblique ou païenne : Daniel dans la fosse aux lions, Amphion jouant de la flûte entre un lion et un serpent, Jonas entre deux monstres dont l'un vient de le rejeter, Job assis entre deux de ses amis, deux cerfs ou deux oiseaux affrontés. Au-dessus de chaque fenêtre, on a disposé des enroulements également en stuc.

Au-dessus de cet étage règne une large frise, divisée en huit panneaux par autant de pilastres figurés par une mosaïque représentant des feuillages, et exactement

[1] Cette variété est même une marque de décadence et d'absence de goût, car chaque arcature renferme une niche triangulaire et une niche à plein cintre, tandis que les deux niches contenues dans une même arcature devraient être d'un dessin semblable.

superposés aux colonnes inférieures. Entre chaque pilastre sont des tableaux en mosaïque ; quatre figurent l'un des évangiles posé sur une table, accostée à droite et à gauche par un trône ; les quatre autres, un trône épiscopal orné d'un coussin sur lequel est placée une croix, accosté de chaque côté par un grand vase de fleurs. La voûte est la partie la plus soignée de cette décoration. Au centre, dans un médaillon circulaire, figure le baptême du Christ. Saint Jean, debout et tenant une croix brillante, verse l'eau du Jourdain sur Jésus-Christ plongé dans le fleuve ; au-dessus plane une colombe. Le Jourdain est symbolisé par un personnage barbu, à demi couché, appuyé sur une urne et à côté duquel on lit le mot : IORDANN. C'est une réminiscence de la personnification païenne des fleuves et de l'océan, si commune dans l'iconographie antique. Autour de ce médaillon central, onze apôtres et saint Paul sont debout portant des couronnes de fleurs ; leur figure se détache sur des draperies éclatantes et une baguette ornée de feuillages symétriques les sépare l'un de l'autre[1].

Sans doute cette décoration superbe manque un peu de goût dans certaines de ses parties ; elle est chargée et la figure humaine n'est pas dessinée avec toute l'exactitude qu'il faudrait, mais elle est malgré tout d'un grand style et surtout d'un éclat incomparable.

Le reste du mobilier du Baptistaire des orthodoxes ne le cède en rien à la décoration des murailles. La cuve baptismale qui occupe le centre de l'édifice est un octo-

---

[1] Les mosaïques du Baptistaire des ariens, autrement dit Santa-Maria in Cosmedin, sont presque semblables, mais inférieures aux précédentes sur lesquelles elles paraissent avoir été copiées.

gone en marbre blanc; une colonnette prise dans la masse orne chacun de ses angles extérieurs. Un tronc épiscopal demi-circulaire est engagé dans l'un des côtés. Un petit autel placé dans l'un des culs de four est à peu près contemporain du monument : c'est une tablette de marbre supportée par quatre colonnettes en façade ; les deux centrales sont cannelées et unies par une arcature dont le tympan figure une coquille. Elles encadrent une petite porte derrière laquelle on conservait des reliques, disposition commune à plusieurs des autels antiques de Ravenne.

Le Baptistaire des orthodoxes, qui date de la première partie du cinquième siècle, est le plus complet des monuments de Ravenne, celui qui a le mieux conservé son unité primitive.

Si nous passons à un deuxième édifice, au mausolée de Galla Placidia, nous constatons avec un plan nécessairement très différent, des procédés décoratifs à peu près identiques.

Le plan est très simple ; quatre arcatures profondes, à plein cintre, supportent une voûte d'arête formant coupole, l'une de ces arcatures a été un peu allongée à une époque postérieure, ce qui donne à l'ensemble la forme d'une croix latine[1].

Jusqu'à hauteur d'homme, les murs sont revêtus de plaques de marbre. Au-dessus de la porte sans caractère

---

[1] Je crois qu'un autre remaniement a été fait dans ce monument peu après sa construction ; non seulement on a allongé un de ses bras, mais on a changé la porte de place ; en effet, la croix latine qui orne la voûte ne suit pas le mouvement de l'ensemble, son plus grand bras n'est pas dans l'axe du grand bras du monument, mais dans celui du petit bras de gauche. C'est probablement à gauche que s'ouvrit d'abord la porte.

qui s'ouvre dans le plus long des bras de la croix, est la mosaïque du Bon Pasteur gardant ses brebis, célèbre représentation du Christ, l'une des plus remarquables que nous ait transmise l'antiquité chrétienne. Sur le mur qui lui fait face, une autre mosaïque figure les quatre évangiles authentiques sous la forme de quatre volumes placés dans une armoire, et les évangiles apocryphes brûlés sur un gril de fer, tandis qu'un personnage portant une croix sur son épaule marche vers eux. Au fond des bras latéraux, des cerfs viennent se désaltérer aux eaux d'un petit lac au milieu d'un paysage émaillé de fleurs. Les lunettes représentent des personnages en toge, apôtres ou prophètes, accouplés deux par deux sous une grande coquille et séparés par des urnes dans lesquelles boivent des colombes. Enfin, au centre de la voûte resplendit une croix latine accompagnée des symboles des quatre évangélistes.

Voilà, en résumé, l'ensemble de cette décoration, mais il faut se figurer que tout ce qui dans la voûte n'est pas occupé par des personnages ou des animaux est chargé de rosaces multicolores, d'étoiles, d'arabesques, de guirlandes de fleurs et de fruits d'une richesse de tons extrême et de rubans contournés présentant alternativement leurs deux faces de couleur différente.

Le fond de la mosaïque est d'un bleu sombre scintillant, et malgré la faible lumière tamisée par des fenêtres étroites et rares (il ne faut pas oublier que nous sommes dans un monument funèbre), l'effet est prodigieux. Au point de vue du procédé technique les mosaïques du mausolée de Placidie sont certainement ce que l'antiquité chrétienne nous a laissé de plus parfait.

Représentez-vous en outre trois immenses sarcophages

placés dans les bras de la croix; celui de Placidie, jadis recouvert de lames métalliques, celui d'Honorius, celui de Constantin III. C'est là que dorment depuis quatorze siècles les derniers maîtres de l'Occident.

La chapelle du palais archiépiscopal est un monument moins connu que les précédents, parce que l'accès en est moins facile; les mosaïques datent du milieu du sixième siècle. La partie principale de ce petit monument est une quadruple arcature supportant une voûte d'arête. Au milieu de la voûte est le monogramme du Christ soutenu par quatre anges, les bras levés, entre lesquels sont les symboles des évangélistes. La partie intérieure des arcs est ornée de bustes de saints dans des cadres circulaires exécutés avec une vigueur d'expression qui en fait autant de portraits. Inférieures aux précédentes, les mosaïques de cet édicule sont cependant intéressantes par l'unité de leur conception.

Il n'existe plus à Ravenne de basilique dont l'ornementation soit intacte, mais les deux plus remarquables Sant-Apollinare in Classe et Sant-Apollinare nuovo (autrefois nommé San-Martino *ad cœlum aureum*) se complètent l'une par l'autre, la première possédant précisément la partie de l'ornementation qui manque à la seconde.

Entrons dans Sant-Apollinare nuovo qui date du sixième siècle. Il est précédé d'un narthex refait au seizième, mais possédant encore ses colonnes antiques, et accosté d'une de ces hautes tours rondes à fenêtres géminées ou associées trois par trois qui servent de clocher à la plupart des anciennes églises ravennates. L'intérieur est à trois nefs, séparées par vingt-quatre colonnes antiques à chapiteaux corinthiens de la décadence, surmontés d'un épais coussinet cubique faisant l'office de tailloir et orné sur le devant d'une croix en relief. Ces colonnes sont reliées l'une à l'autre par des arcatures à plein cintre bordées d'une frise d'un beau style. L'abside est en cul de four.

Ce qui fait le mérite particulier de cette basilique, ce sont les mosaïques intactes de sa grande nef. C'est une superposition de trois zones distinctes. A gauche, dans la zone inférieure, une théorie de vingt-deux saintes[1], tenant des couronnes de fleurs et précédées par les rois mages, se dirige vers la Vierge tenant l'enfant Jésus sur ses genoux et entourée de quatre anges. La figure de la Vierge mère est une merveille de beauté pure, calme et sévère. Cette procession sort d'une ville entourée de hautes murailles et auprès de laquelle est un port avec un phare et des navires ; c'est la ville de Classis.

A droite est une théorie semblable de vingt-cinq saints[2],

---

[1] Voici les noms de ces saintes qui sont inscrits à côté d'elles : SCA EVFEMIA — PELAGIA — AGATHE — AGNESE (accompagnée d'un agneau) — EVLALIA — CECILIA — LVCIA — CRISPINA — VALERIA — VINCENTIA — PERPETVA — FELIICITAS — IVSTINA — ANASTASIA — DARIA — EMERENTIAN — PAVLINA — VICTORIA — ANATOLIA — PRISTINA — SAVINA — EVGENIA.

[2] Voici les noms de ces saints : SCS MARTINVS — CLEMNS — SVSTVS — LAVRENTIVS — YPPOLITVS — CORNELIVS — CYPRIANVS — CASSIANVS — IOHANNIS — PAVLVS — VITALIS — GERVASIVS — PROTASIVS — VRSICINVS — NAMOR — FELIX — APOLLINARIS — SEBASTIANVS — DEMITER — POLICARPVS — VINCENTIVS - PANCRATIVS — CRISOGONVS — PROTVS — IA.....DDVS — SABINVS. —

J'ai noté, en outre, les marques suivantes que l'on relève sur les vêtements de ces personnages et qui sont probablement celles des mosaïstes ; on remarquera que la plupart des lettres sont grecques :

R, Γ, L, N, ω, ◇, O, Ⅵ, A, I, Ā, H, C, T, feuille cordiforme.

portant également des couronnes et précédés de saint Martin, vêtu de pourpre violette; elle se dirige vers le Christ, assis, entouré de quatre anges, et sort d'un monument orné de portiques, de colonnes et de draperies flottantes: c'est le palais de Théodoric le Grand, comme le témoigne le mot PALATIVM inscrit sur le fronton. La figure du Christ est d'une majestueuse beauté.

Au-dessus de cette première zone, une série de saints, apôtres ou prophètes, est debout sous des baldaquins desquels pendent des couronnes; drapés dans des toges blanches, ils tiennent en main le volumen. Des fenêtres à plein cintre et de dimension médiocre les divisent par groupes de trois.

Plus haut, enfin, sont vingt-six compositions empruntées à la vie de Jésus-Christ; elles sont conçues dans un caractère absolument antique et procèdent directement des peintures des catacombes. Par sa taille et son attitude le Christ est supérieur à ceux qui l'entourent; c'est un éphèbe beau, jeune, aux longs cheveux; dans les tableaux de la Passion, son allure est plus majestueuse encore, son geste plus dominateur, son costume plus éclatant.

Rien de réaliste dans ces compositions; on a laissé volontairement de côté les scènes dans lesquelles le Christ a souffert, la flagellation, le portement de la croix, le crucifiement; c'est l'apothéose d'un dieu et non les souffrances d'un homme qu'on a voulu représenter. Toutes ces scènes, quoique d'époques diverses ou tout au moins fortement retouchées dans quelques-unes de leurs parties, sont composées et dessinées avec habileté et surtout d'une coloration superbe.

Là s'arrête la décoration de Sant-Apollinare nuovo; pour voir la suite, il faut nous transporter à Sant-Apollinare in Classe. C'est une vaste basilique solitaire au milieu de la campagne ; la population, comme la mer, s'est retirée d'autour d'elle et debout dans l'immensité de la plaine déserte, elle est comme le dernier témoin d'une civilisation disparue.

C'est la même disposition architecturale qu'à Sant-Apollinare nuovo, avec cette différence essentielle que la nef n'est pas voûtée mais couverte d'une charpente apparente, ce qui est l'un des caractères des basiliques primitives. Le chœur, voûté en cul de four et entouré d'un banc de marbre blanc, très ancienne disposition qui a précédé l'usage des stalles, est orné de mosaïques remarquables, complément de celles de Sant-Apollinare nuovo.

Au centre, dans un médaillon circulaire semé d'étoiles, est une grande croix gemmée et patée, au milieu de laquelle se détache une tête de Christ ; les bustes d'Élie et d'Élisée apparaissent à droite et à gauche dans des nuées. Au-dessous d'eux sont trois brebis, et plus bas encore saint Apollinaire, debout de face, ayant à sa droite et à sa gauche six autres brebis. Abstraction faite du saint protecteur de l'église, cette mosaïque est la représentation symbolique de la Transfiguration. Les figures ressortent sur un fond de paysage avec des arbres, des fleurs, des eaux vives, teints des plus fraîches nuances. Au-dessus de la grande arcade du chœur apparaît encore le buste du Christ entre les symboles des évangélistes ; des théories de brebis se dirigent vers lui.

Cette ornementation est complétée à droite et à gauche de l'autel par deux grandes scènes. La première est historique ; c'est Constantin Pogonat, Héraclius et Maurice-Tibère donnant des chartes de privilège à un archevêque de Ravenne que l'inscription nomme REPARATVS

ARCHIEPISCOPVS (671-677). L'autre représente le sacrifice de Melchissédec, figure de l'Eucharistie.

Confondez, par la pensée, en une seule les deux basiliques de Sant-Apollinare et vous pourrez reconstituer une église comme il n'en est plus au monde.

La décoration la plus grandiose est celle de San-Vitale, basilique construite de 521 à 534 sur un plan absolument byzantin et aux frais de Julien l'argentier, l'un des hauts fonctionnaires de la cour de Constantinople ; elle coûta vingt-six mille sous d'or. Là, tout, du pavé à la voûte, étincelle des couleurs les plus riches et les plus variées ; ce ne sont plus des tableaux symboliques, c'est de l'histoire qui est tracée sur les murs; c'est la cour de Byzance qui revit.

L'archevêque Maximien, orné du pallium et tenant une croix d'or, est précédé par deux prêtres vêtus de toges blanches avec bandes violettes, portant un encensoir et le livre des évangiles. Il introduit dans l'église l'empereur Justinien portant des présents, suivi de deux officiers du palais et accompagné de gardes armés[1]. Sur le mur qui fait face, un serviteur soulève une draperie, tandis qu'un officier impérial introduit l'impératrice Théodora, accompagnée de deux princesses, ses parentes, et de cinq suivantes. Les costumes méritent qu'on les étudie, il nous transportent au milieu des splendeurs d'une cour d'Orient.

Justinien est couronné d'un diadème de pierres précieuses dont les pendeloques tombent sur ses épaules ; le mosaïste a entouré sa tête d'un nimbe, symbole à la

---

[1] Cette scène est gravée dans la plupart des manuels d'histoire ancienne, mais d'une manière toujours inexacte et même grotesque.

fois de la sainteté et du pouvoir impérial. Sa tunique est blanche avec une large broderie d'or au bas ; il porte sur l'épaule gauche un manteau de pourpre violette rattaché sur l'épaule droite par un énorme fermail de pierres précieuses ; ses bottines sont de la même couleur et ses bas rouges. La partie la plus caractéristique de ce vêtement est une pièce carrée de drap d'or diapré de rinceaux rouges qui, du bord du manteau, aboutit obliquement sur la poitrine. Les officiers impériaux ont des vêtements avec disposition semblable, seulement le vêtement est blanc et la pièce carrée de pourpre violette. Quant aux gardes, ils sont nu-tête, en tunique, armés de lances et de boucliers ornés du monogramme du Christ.

Théodora est vêtue avec un luxe inouï. Sa robe blanche est richement brodée d'or ; ses bottines sont vertes et blanches ; elle est drapée dans un grand manteau de pourpre violette ornée dans le bas d'une bordure dorée où figurent les rois mages. Sur sa tête est un diadème étincelant dont les pendeloques tombent jusqu'au milieu de la poitrine, et sur ses épaules se déploie une sorte de camail d'or et de perles. Les deux princesses qui l'accompagnent ont des costumes charmants. L'une, coiffée des plis d'un manteau doré ramené sur sa tête, est vêtue d'une robe à reflets chatoyants comme la queue d'un paon ; l'autre, coiffée de sa seule chevelure noire relevée, est vêtue d'or et de pourpre. Cette résurrection de la cour de Byzance est stupéfiante ; les autres mosaïques de San-Vitale pâlissent auprès d'elle, et cependant elles sont de premier ordre.

Je passe sur les autres tableaux accessoires pour aborder les mosaïques de la voûte ; les mosaïstes n'ont rien trouvé de supérieur comme ornementation.

Au centre, dans un médaillon circulaire encadré de fleurs et de fruits, est l'agneau sans tache ; quatre anges ailés, vêtus de blanc et debout sur des globes azurés, le soutiennent de leurs bras levés ; ils sont environnés d'un réseau serré de rinceaux verts et rouges s'enlevant sur un fond d'or étincelant, et parsemés d'oiseaux et de quadrupèdes au naturel. Des quatre angles de la voûte, quatre larges bandes convergent vers le médaillon central ; au bas, une fleur de lotus supporte sur sa corolle un globe d'azur sur lequel est debout un paon, symbole de la résurrection, dont la queue, copiée sur nature, s'étale derrière lui et se fond dans une guirlande de fleurs et de fruits multicolores. Aucune description ne peut donner une idée de l'éclat et de la douceur incomparables de ces diverses compositions ; quand un rayon de soleil vient les toucher et en raviver les couleurs, les personnages semblent revivre, les anges agiter leurs ailes et l'on croirait voir les oiseaux voltiger au milieu des fleurs.

Trois procédés différents étaient en usage pour la mosaïque dans l'antiquité[1].

Le premier, l'*opus marmoreum sectile,* rappelle ce que l'on nomme aujourd'hui la mosaïque de Florence ; c'est la juxtaposition de pièces de marbre découpées ; il exige beaucoup de soins et d'habileté à cause de la précision extrême qu'exigeait l'emboitement des diverses pièces. L'artiste formait par ce procédé, avec des marbres de différentes couleurs, des dessins géométriques, des vases, des croix, des encadrements variés qui servaient à orner

---

[1] Je n'ai pas besoin de rappeler au lecteur les excellents travaux de M. Muntz sur les mosaïques antiques, dans lesquels toutes ces questions sont traitées de main de maître.

les soubassements, ou tout au moins les parties du monument rapprochées de l'œil du spectateur.

Ravenne nous en offre les deux plus beaux spécimens qui existent, peut-être, dans le soubassement du Baptistaire des orthodoxes et dans la chapelle de saint Apollinaire à Sant-Apollinare nuovo.

Le soubassement du Baptistaire date, d'après une inscription gravée sur une croix et que j'ai reproduite plus haut, de 677 à 688. Cette croix à huit pointes est encastrée dans une plaque de marbre blanc accompagnée à gauche et à droite de pilastres de marbre vert ; de chaque côté sont des disques de porphyre rouge, encadrés dans des filets contournés de jaune de Sicile. Au-dessus règne une large frise à dessins géométriques en marbre de plusieurs couleurs. La précision des emboitements est tout à fait remarquable.

La deuxième sorte de mosaïque nommée *opus musaïcum*, est composée de petits cubes de marbre, de verre ou d'autres matières dures. Les plus anciennes mosaïques sont de marbre, mais peu à peu le verre coloré ou émail fait son apparition et finit par dominer; on pouvait, en effet, obtenir avec le verre une gamme de couleurs infiniment plus variée que celle du marbre et à beaucoup moins de frais. Le procédé du verrier différait suivant la couleur à obtenir ; pour la couleur ordinaire, on colorait le verre dans la masse à l'aide d'oxydes métalliques ou de sels minéraux ; de l'oxyde de cuivre ou de cobalt pour le bleu, de l'oxyde de fer, du silice ou du protoxyde de cuivre pour le rouge, de l'oxyde de cuivre pour le vert, de l'antimoine pour le jaune, du manganèse pour le violet, de l'oxyde d'étain pour le blanc. Pour l'or et l'argent, on emprisonnait une mince feuille, un paillon, de ces métaux entre deux plaques de verre, par un procédé qui n'a pas été retrouvé et était probablement un collage au moyen d'une matière durcissant au feu sans altérer la limpidité du verre.

On trouve à Ravenne des exemples de tous ces procédés et des spécimens de toutes les matières dont je viens de parler. Dans presque toutes les mosaïques de cette ville, des parties sont en pierre dure, l'émail coloré est employé plus souvent encore, enfin les fonds sont fréquemment de cubes dorés. Les cubes argentés, dont l'emploi est fort rare, se trouvent à Sant-Apollinare nuovo dans les nimbes des saints debout, au-dessus des processions de saints et de saintes. On a même employé la nacre pour figurer à San-Vitale les perles fines qui ornent les diadèmes et les colliers de Justinien et de Théodora; on a produit ainsi un surprenant trompe-l'œil.

Le procédé du mosaïste s'est modifié avec le temps comme les matières dont il a fait usage. Dans les mosaïques de Pompei, les cubes sont fort petits; à Ravenne, il sont deux et trois fois plus grands. L'artiste de la décadence a cherché avant tout la rapidité dans l'exécution. A la belle époque de l'art, les figures, les mains, en un mot les parties qui exigent un modelé délicat, étaient en cubes très petits et le modelé était accusé par des lignes circulaires enveloppant l'objet à l'aide de cubes contournés.

Plus tard, la mosaïque ne se compose plus que de lignes de cubes parallèles, aussi bien pour les fonds et les accessoires que pour les figures; le modelé disparaît, les têtes sont serties d'une ligne sombre, et des taches noires ou sanguines sont chargées de représenter les yeux, les lèvres et les sourcils; de loin, l'effet est encore passable, de près, la décadence se constate facilement.

Les mosaïques de Ravenne ne sont ni de la période la plus florissante de l'art, ni de son extrême décadence [1]. Le plus beau morceau est sans contredit le mausolée de Galla Placidia qui est du cinquième siècle.

La troisième espèce de mosaïque usitée dans l'antiquité est l'*opus alexandrinum* ou *tessellatum*, composé de matières très dures et servant uniquement pour les pavés. A San-Vitale, il existe encore quelques fragments d'un pavé primitif en mosaïque dont la perte est infiniment regrettable, car il était couvert d'inscriptions dessinées au milieu d'ornements variés. Dans la plupart des églises de Ravenne on retrouve ces pavements des douzième et treizième siècles, composés de morceaux de marbres de toute couleur et de toute forme dont le diamètre varie de trois à six centimètres; on les attribue à l'école des Cosmates, et l'effet de ces dessins géométriques est agréable. Un grand nombre d'églises italiennes, surtout d'églises de Rome, pour peu qu'elles soient anciennes, en conservent des spécimens.

On peut affirmer que l'ensemble des mosaïques de

---

[1] Il faut signaler cependant comme datant de l'extrême décadence, quelques mosaïques conservées dans la sacristie de San-Giovanni evangelista, église fondée en 424, par Galla Placidia et possédant encore ses colonnes antiques et une très jolie porte du treizième siècle. Le reste a été absolument refait. Ces mosaïques des neuvième ou dixième siècle sont d'une barbarie étrange. J'ai remarqué surtout une troupe de guerriers, coiffés d'un casque conique, vêtus d'une longue tunique qui descend jusqu'à la cheville, et marchant en troupe serrée, leurs lances tenues horizontalement au-dessus de leurs têtes. Cette scène, d'un travail absolument grossier, est d'un caractère tout à fait épique.

Ravenne est unique au monde, qu'il dépasse en importance celles que nous a léguées l'antiquité païenne à Pompeï et l'époque byzantine à Constantinople.

Ce serait maintenant le moment d'aborder l'étude et la description du mobilier antique des églises de Ravenne, des autels, des chaires, des clôtures ou balustrades, des trônes épiscopaux, des sculptures en ivoire[1], des croix en matière précieuse, des sarcophages surtout, qui sont en nombre immense et souvent d'une beauté et d'une conservation exceptionnelles ; mais cette étude, pour être menée à bonne fin, exigerait plus d'un volume. Je dirai seulement un mot des sarcophages.

Ravenne est la cité des tombeaux ; ses églises sont remplies de ceux des empereurs, des exarques et des archevêques[2]. Leur forme varie à peine ; c'est toujours une cuve de marbre avec un couvercle soit triangulaire et cantonné d'acrotères, soit hémisphérique. Les artistes ont presque toujours préféré à la figure humaine des compositions dont les éléments sont empruntés à la symbolique chrétienne. La décadence de l'art est déjà si profonde que le sculpteur hésite à aborder le corps humain qui exige de justes proportions, l'étude de l'anatomie, l'entente du modelé et des draperies ; il ne possédait plus

---

[1] Le trône de l'archevêque Maximinus (546-556), conservé dans la sacristie de la cathédrale, est ce que je connais de plus beau comme sculpture en ivoire, soit pour les figures, soit pour les frises décoratives. C'est un objet du plus grand art.

[2] J'ai remarqué, au milieu de bien d'autres, les sarcophages des archevêques suivants avec inscriptions funéraires : Liberius (374-379), Exupérence (425-430), Maximien (546-556), Théodore (677-688), Félix (705-723), Jean (723-732), Gratiosus (784-795). Une foule d'autres sans inscriptions sont connus par tradition pour contenir les restes d'autres archevêques.

la science de ces choses. Dans les sarcophages comme ailleurs, les artistes ravennates ont fait surtout preuve d'un véritable goût pour la décoration ; tous ces monuments même les plus médiocres, ont du style. Leur ornementation présente un certain balancement, une symétrie qui satisfait l'œil ; ils sont exempts de surcharge, ce qui est une preuve de goût.

Prenons pour exemple le sarcophage de l'empereur Honorius. Sur la face est une croix sur les bras de laquelle sont posées deux colombes ; devant elle est debout un agneau sur une colline d'où s'échappent quatre fleuves symbolisant les quatre principales vertus chrétiennes ; tout cela est placé sous un fronton triangulaire supporté par deux colonnettes torses. A droite et à gauche sont deux autres croix dans des arcatures à plein cintre dont le tympan a la forme d'une coquille, et supportées par des colonnettes semblables. Sur la face opposée, deux oiseaux boivent dans une coupe. Sur les faces latérales sont sculptés une coupe surmontée de deux agneaux et un chrisme dans un nimbe posé sur deux disques. Le couvercle est à imbrications entouré de bordures d'oves et de tresses.

Le sculpteur n'a pas visé à l'effet, il n'a recherché que la simplicité, mais le marbre est superbe, la proportion harmonieuse et ce sarcophage impérial a tout à fait grand air.

Les deux monuments funéraires devant lesquels tout s'efface à Ravenne sont les mausolées de Galla Placidia et de Théodoric le Grand. Du premier, j'ai déjà parlé assez longuement ; il est pauvre de conceptions, ses admirables mosaïques et les sarcophages impériaux en font tout le mérite.

Le mausolée de Théodoric, nommé vulgairement la Rotonde [1], mérite une attention toute particulière; on n'a rien construit de supérieur en Italie de Dioclétien à la renaissance des arts, au onzième siècle.

Le plan du monument est très simple; c'est un décagone surmonté d'une rotonde circulaire. Dix vigoureux piliers triangulaires servent de support à des arcs à plein cintre qui retombent sur des corniches formant impostes. Les claveaux, au nombre de treize pour chaque arc, au lieu d'avoir leurs grands côtés taillés en biais, offrent deux angles, l'un rentrant, l'autre saillant, procédé d'appareillage inconnu à la belle époque de l'art et dont le but est d'assurer une cohésion plus parfaite entre les claveaux. Chaque arcature sert d'entrée à une petite voûte d'un mètre cinquante environ de profondeur, terminée au fond par une simple muraille plate sur laquelle se poursuit la corniche qui règne au haut des piliers.

Une petite porte rectangulaire donne accès dans une salle inférieure en forme de croix grecque, voûtée à plein cintre et éclairée par deux petites fenêtres superposées.

Ce rez-de-chaussée robuste sert de base à un édicule circulaire construit en retraite d'au moins un mètre cinquante. L'ornementation y dessine trois étages. Le premier est percé d'une porte rectangulaire, dont le linteau et les montants sont ornés de sculptures barbares figurant des feuillages entre deux rangs de perles. Sur le reste du pourtour de cet étage se profile une série de fausses portes accusées simplement par les creux et les

---

[1] Ou Santa-Maria della Rotonda, car ce monument, comme bien d'autres heureusement en Italie, avait été transformé en église au moyen âge; c'est même cela qui l'a sauvé de la destruction.

saillies de l'appareil. Autrefois, les bords de la terrasse sur laquelle s'élève la rotonde étaient ornés de colonnettes alternativement simples et géminées, sur lesquelles retombaient des arcades perpendiculaires à l'édifice ; les traces de leurs arrachements peuvent se voir entre chaque fausse porte. Elles supportaient une voûte formant galerie extérieure et unissant le rez-de-chaussée du monument à sa partie supérieure dont elle élargissait la base. Un large bandeau saillant, sans ornemements, couronne ce premier étage.

Puis vient le deuxième étage dans lequel sont percées de petites ouvertures alternativement en forme de croix ou à plein cintre. Au-dessus règne une puissante corniche à faible saillie, dont le motif principal, absolument barbare, est une succession de triangles rubannés ayant à leur base une volute et à leur sommet un anneau [1]. Sur cette corniche repose directement la toiture, énorme masse hémisphérique d'un seul bloc, de onze mètres de diamètre et de quatre-vingt-dix centimètres d'épaisseur ; son poids est évalué à quatre cent cinquante mille kilogrammes environ. Dix anses évidées prises dans la masse la surmontent ; nous examinerons tout à l'heure à quel usage elles ont pu servir.

La salle intérieure est circulaire et absolument nue ; elle était probablement ornée dans le principe de mosaïques peut-être imitées de celles du mausolée de Galla

---

[1] Aucune description ne peut donner une idée exacte de cet ornement très bizarre. On a découvert, il y a quelques années, près d'une porte de Ravenne, une cuirasse de chef barbare avec parties en or, agrémentée d'ornements semblables, ce qui a donné lieu de penser que c'était celle de Théodoric, opinion fort problématique. Cette cuirasse est au musée de Ravenne.

Placidia. C'est dans cette salle supérieure qu'était placé, selon toute vraisemblance, le sarcophage de Théodoric. Quelques auteurs ont pensé qu'il devait être huché sur le sommet de la toiture; c'est une opinion insoutenable. L'antiquité n'avait pas l'habitude de laisser les tombeaux des grands personnages exposés en plein air, ils étaient toujours renfermés dans des mausolées, des cryptes ou des colombaria. Au surplus, il faut observer que la toiture est hémisphérique, tandis que pour supporter un sarcophage elle eût dû présenter une surface partiellement aplanie. Du reste, les crampons nécessaires pour le sceller sur cette surface auraient laissé des traces qui se verraient encore si elles avaient existé.

Il est de tradition que ce monument était orné de statues, et on veut qu'elles aient été dressées sur les anses qui font saillie au-dessus de la toiture; c'est impossible, car ces anses sont triangulaires à leur partie supérieure et n'offrent pas en conséquence, l'assise nécessaire pour supporter une statue quelque petite qu'elle soit. Si le mausolée de Théodoric a été, en effet, orné de statues, elles étaient sans doute dressées sur les colonnes qui supportaient la galerie circulaire aujourd'hui disparue, dont j'ai parlé tout à l'heure.

Cet édifice est le mieux construit de tous ceux de Ravenne. Alors que les basiliques les plus somptueuses, le tombeau même d'Honorius et de Galla Placidia sont en simples briques, le mausolée de Théodoric est en blocs de pierre d'Istrie, appareillés avec un certain soin. L'ornementation du monument est barbare, mais sa conception est bonne; c'est même une anomalie à Ravenne, où l'ornementation vaut généralement bien mieux que la construction.

Ce qui, de tout temps, a frappé les hommes de stupeur dans la Rotonde de Théodoric, c'est l'énormité du bloc de pierre qui le couvre en entier. *Se autem vivo fecit sibi monumentum ex lapide quadrato et saxum ingentem quem superponeret inquisivit*, lisons-nous dans une chronique anonyme du dixième siècle. *Ecclesia Sanctæ Mariæ rotundæ extra muros quæ uno tegitur lapide*, est-il écrit dans une autre compilation d'une époque peu différente. Il y a lieu, en réalité, d'être stupéfait que l'on ait pu d'Istrie amener à Ravenne une masse d'une dimension et d'un poids pareils à une époque où les moyens de transport étaient encore très primitifs.

Il est probable que, préalablement taillée et allégée le plus possible, elle a été convoyée par mer sur un vaste radeau, formé de plusieurs étages de troncs d'arbres, et remorqué par plus d'un navire. La traction de ce bloc, depuis le port de Classis, c'est-à-dire d'une distance de quatre mille mètres environ, jusqu'à la place qui lui était destinée, offrait beaucoup moins de difficulté, car le sol est à peu près plat et partout on peut faire usage de rouleaux.

Quand il s'est agi de la soulever pour la mettre en place, l'utilité des anses ménagées sur son pourtour, lors de la taille, s'est fait sentir. Deux ou trois chaînes de fer ayant été préalablement passées dans chacune de ces dix anses, chaque chaîne mue par un treuil indépendant et supportée par de fortes pièces de bois ferrées et profondément enfoncées dans le sol, le soulèvement a eu lieu à force de bras et n'a été qu'une question de temps et de précautions à prendre.

Les monuments de Ravenne[1] dont je viens d'esquisser

[1] Il ne rentre pas dans mon cadre de parler des monuments plus modernes de Ravenne, ils sont du reste en petit nombre. La

une description sommaire, ou plutôt, pour la plupart d'entre eux, une simple impression, ne produisent pas tout l'effet qu'ils devraient produire. Les enduits extérieurs ont complètement disparu, et seule la brique nue et crevassée, dont sont construites les murailles, s'aperçoit aujourd'hui ; c'est grâce au climat admirable et conservateur de l'Italie que l'humidité, s'infiltrant à travers les joints, n'a pas détruit les stucs et fait tomber les plaques de mosaïques. Au surplus, le sol s'est beaucoup surélevé et, au lieu de procéder à des travaux de drainage qui auraient amené l'écoulement des eaux souterraines, on a préféré exhausser le pavé des monuments et enterrer les bases des colonnes. Cela donne aux parties inférieures un aspect lourd et fâcheux qu'elles n'avaient pas autrefois. Le mausolée de Théodoric, l'église San-Giovanni evangelista sont enterrés de près de deux mètres ; le Baptistaire des orthodoxes et San-Vitale, de quatre-vingts centimètres à un mètre, et les autres monuments dans les mêmes proportions.

Ce n'est pas, du reste, sur le gouvernement italien qu'il faut compter pour entreprendre les réparations impérieusement exigées par l'état actuel des édifices de Ravenne ; il n'aspire pour le moment qu'à couvrir la péninsule de monuments dynastiques ou patriotiques, tels que celui de Victor-Emmanuel, à Rome, qui a déjà

vieille forteresse féodale, la Rocca di Brancaleone, avec ses cinq tours, ses nombreux passages secrets et sa porte ornée d'un charmant bas-relief de marbre, qui se démolit, serait visitée en France ; en Italie, où les monuments de ce genre abondent, personne n'en a cure. La colonne des Français, dressée sur le champ de bataille où fut tué, le 11 avril 1512, Gaston de Foix, victorieux, est un monument exquis, mais qui exigerait à lui seul un article particulier. Le reste est peu de chose.

coûté six millions, en coûtera au moins autant avant d'être achevé et ne fera pas honneur à l'art moderne en Italie.

Ravenne n'est pas une ville, c'est une momie ; elle est morte au neuvième siècle après avoir vécu d'une vie assez intense pendant un siècle et demi (402-568), s'être vainement débattue contre le destin pendant deux siècles encore (568-756) et avoir souffert une lente agonie (756-900). Telle elle était alors, telle, à peu de chose près, nous la retrouvons aujourd'hui ; les guerres, les révolutions ont passé sur elle sans en altérer le caractère. C'est le seul endroit où l'on puisse étudier complètement cette période de transition, cet instant fugitif qui unit l'art antique à l'art du moyen âge.

Cette période est caractérisée par l'abandon successif de toutes les formules artistiques, des plans et des procédés des constructeurs et des décorateurs romains, et par une infiltration lente, mais peu à peu victorieuse, de ceux des orientaux. La simplicité romaine, déjà fort éloignée de la simplicité grecque, s'altère rapidement et fait place à une efflorescence d'ornements qui envahit toutes les surfaces. Le goût en est parfois offusqué, mais c'est riche, c'est étincelant, et l'on ne peut s'empêcher d'admirer l'habileté de ciseau et la remarquable entente de la décoration de ces artistes inconnus qui ont transporté un jour sur une plage italienne toutes les merveilles de l'art byzantin.

www.ingramcontent.com/pod-product-compliance
Lightning Source LLC
Chambersburg PA
CBHW060704050426
42451CB00010B/1265